Der Bitcoin-Schlüssel

Entriegeln Sie die Welt der digitalen Währung

Inhaltsverzeichnis

Teil 1: Einführung

- **Kapitel 1: Was ist Bitcoin?**
    - Die Geschichte von Bitcoin
    - Die wichtigsten Eigenschaften von Bitcoin
    - Bitcoin im Vergleich zu herkömmlichen Währungen
- **Kapitel 2: Wie funktioniert Bitcoin?**
    - Die Blockchain-Technologie
    - Transaktionen und Mining
    - Bitcoin-Wallets
- **Kapitel 3: Die Zukunft von Bitcoin**
    - Mögliche Anwendungsbereiche
    - Herausforderungen und Risiken
    - Die Zukunft des Geldes

Teil 2: Bitcoin in der Praxis

- **Kapitel 4: Bitcoin kaufen und verkaufen**
    - Bitcoin-Börsen
    - Zahlungsmethoden
    - Sicherheit beim Kauf und Verkauf von Bitcoin
- **Kapitel 5: Bitcoin sicher aufbewahren**
    - Arten von Bitcoin-Wallets
    - Sicherheitspraktiken für Bitcoin-Wallets
    - Hardware-Wallets
- **Kapitel 6: Bitcoin nutzen**
    - Bitcoin-Zahlungen im Online-Handel
    - Bitcoin-Akzeptanz in der realen Welt
    - Bitcoin-Anwendungen

Teil 3: Fortgeschrittene Themen

- **Kapitel 7: Bitcoin-Mining**
    - Wie funktioniert Bitcoin-Mining?
    - Mining-Hardware und -Software
    - Die Profitabilität von Bitcoin-Mining
- **Kapitel 8: Lightning Network**

- o Skalierungslösungen für Bitcoin
- o Das Lightning Network im Detail
- o Nutzung des Lightning Networks
- **Kapitel 9: Bitcoin und die Blockchain-Technologie**
  - o Anwendungsbereiche der Blockchain
  - o Dezentrale Anwendungen (dApps)
  - o Die Zukunft der Blockchain-Technologie

Anhang

- **Glossar wichtiger Begriffe**
- **Ressourcen für weiterführende Informationen**
- **Liste von Bitcoin-Börsen und Wallets**

Bitte beachten Sie, dass dies keine Anlageberatung ist. Es ist wichtig, sich vor einer Investition in Bitcoin oder andere Kryptowährungen umfassend zu informieren und die damit verbundenen Risiken zu verstehen.

Teil 1: Einführung

Kapitel 1: Was ist Bitcoin?

- *Die Geschichte von Bitcoin*

Vorgeschichte:

- **1980er Jahre:** David Chaum entwickelt DigiCash, eine digitale Währung mit schwacher Anonymität.
- **1998:** Wei Dai veröffentlicht "b-money", ein Konzept für dezentrale digitale Währung.
- **2008:** Nick Szabo veröffentlicht "Bit Gold", ein Vorschlag für eine digitale Währung mit begrenzter Menge.

2009:

- **Januar:** Satoshi Nakamoto veröffentlicht das Bitcoin Whitepaper und die erste Bitcoin-Software.
- **3. Januar:** Der erste Bitcoin-Block ("Genesis-Block") wird geschürft.
- **Oktober:** Die erste Bitcoin-Transaktion findet statt: Satoshi Nakamoto sendet 10 Bitcoins an Hal Finney.

2010:

- **Mai:** Die erste Bitcoin-Taushbörse, BitcoinMarket, wird gegründet.
- **November:** Laszlo Hanyecz kauft zwei Pizzen für 10.000 Bitcoins - die erste Bitcoin-Transaktion für Waren.

2011:

- **Februar:** Mt. Gox, die erste große Bitcoin-Börse, wird gegründet.
- **Juni:** Die erste Bitcoin-Konferenz findet in San Francisco statt.

2012:

- **April:** Die Bitcoin-Foundation wird gegründet, um die Entwicklung von Bitcoin zu fördern.
- **November:** Der erste Bitcoin-Mining-Pool wird gegründet.

2013:

- **Zypern-Krise:** Bitcoin erlebt einen Anstieg der Nachfrage aufgrund der Unsicherheit im Finanzsystem.
- **Oktober:** Der erste Bitcoin-ETF (Exchange Traded Fund) wird an der Börse eingeführt.

2014:

- **Februar:** Der Mt. Gox-Hack: 850.000 Bitcoins werden gestohlen, was zum Zusammenbruch der Börse führt.

2015:

- **Oktober:** Die erste Bitcoin-Skalierungsdebatte beginnt.

2016:

- **Juni:** The DAO-Hack: 3,6 Millionen Ether (ca. 50 Millionen US-Dollar) werden gestohlen.
- **August:** Bitcoin Cash (BCH) spaltet sich von Bitcoin ab.

2017:

- **Dezember:** Bitcoin erreicht ein Allzeithoch von fast 20.000 US-Dollar.

2018:

- **Krypto-Winter:** Der Bitcoin-Kurs fällt stark ab und erreicht im Dezember 3.100 US-Dollar.

2019:

- **Juni:** Facebook kündigt Libra an, eine digitale Währung, die auf einer Blockchain basiert.
- **Oktober:** China verbietet Bitcoin-Mining.

2020:

- **März:** Der COVID-19-bedingte Crash: Der Bitcoin-Kurs fällt kurzzeitig auf 3.800 US-Dollar.
- **Dezember:** Bitcoin erreicht erneut ein Allzeithoch von fast 29.000 US-Dollar.

2021:

- **Februar:** Tesla investiert 1,5 Milliarden US-Dollar in Bitcoin.
- **April:** Bitcoin erreicht ein neues Allzeithoch von 64.800 US-Dollar.
- **Mai:** China verbietet Bitcoin-Transaktionen.
- **November:** El Salvador führt Bitcoin als gesetzliches Zahlungsmittel ein.

2022:

- **Januar:** Bitcoin-Kurs fällt unter 40.000 US-Dollar.
- **Februar:** Russland erwägt, Bitcoin als Zahlungsmittel für Öl und Gas zu akzeptieren.
- **Mai:** TerraUSD (UST) und Luna stürzen ab, was zu einem Krypto-Crash führt.
- **Juni:** Celsius Network und Three Arrows Capital melden Insolvenz an.

2023:

- **Januar:** Bitcoin-Kurs fällt unter 30.000 US-Dollar.
- **Februar:** Die SEC lehnt einen Bitcoin-ETF ab.
- **März:** Bitcoin-Kurs steigt wieder über 40.000 US-Dollar.

2024:

- **(Stand: 2. März):** Bitcoin-Kurs liegt bei ca. 42.000 US-Dollar.

- *Die wichtigsten Eigenschaften von Bitcoin*

- **Dezentralität:** Bitcoin ist dezentralisiert, d.h. es gibt keine zentrale Instanz, die das Netzwerk kontrolliert. Stattdessen wird es von einem Netzwerk von Computern auf der ganzen Welt betrieben. Dies macht Bitcoin resistent gegen Manipulationen und Zensur.
- **Sicherheit:** Bitcoin ist durch Kryptographie gesichert, was es sehr sicher vor Fälschungen und Betrug macht. Die Blockchain, die Bitcoin zugrunde liegt, ist ein unveränderliches öffentliches Ledger, das alle Transaktionen aufzeichnet.
- **Transparenz:** Alle Transaktionen auf der Bitcoin-Blockchain sind öffentlich einsehbar. Dies ermöglicht es jedem, die Transaktionshistorie zu überprüfen und sicherzustellen, dass alle Transaktionen korrekt ausgeführt wurden.
- **Pseudonymität:** Bitcoin-Nutzer können Transaktionen pseudonym durchführen, d.h. sie müssen ihre Identität nicht offenlegen. Dies ermöglicht es ihnen, ihre Privatsphäre zu schützen.
- **Grenzübergreifende Transaktionen:** Bitcoin-Transaktionen können schnell und einfach weltweit durchgeführt werden. Es gibt keine Gebühren für grenzüberschreitende Transaktionen.
- **Fungibilität:** Bitcoins sind fungibel, d.h. jeder Bitcoin ist gleichwertig. Dies macht Bitcoin zu einem idealen Tauschmittel.
- **Begrenzte Menge:** Es wird nur eine begrenzte Anzahl von Bitcoins geben, nämlich 21 Millionen. Dies macht Bitcoin zu einem deflationären Vermögenswert, d.h. sein Wert sollte im Laufe der Zeit steigen.
- **Offenheit:** Bitcoin ist ein Open-Source-Projekt, d.h. jeder kann am Netzwerk teilnehmen und es weiterentwickeln.

- **Innovation:** Bitcoin ist eine innovative Technologie mit dem Potenzial, das Finanzwesen zu revolutionieren.
- **Risiko:** Bitcoin ist ein volatiles Anlagevehikel. Der Wert von Bitcoin kann stark schwanken.
- **Regulierung:** Bitcoin ist in vielen Ländern noch nicht reguliert. Dies kann zu Rechtsunsicherheit führen.
- **Skalierbarkeit:** Die Bitcoin-Blockchain ist derzeit noch nicht sehr skalierbar. Dies kann zu Engpässen bei der Transaktionsverarbeitung führen.
- **Nachhaltigkeit:** Der Bitcoin-Mining-Prozess verbraucht viel Energie. Dies kann zu Umweltproblemen führen.
- **Zusammenfassend lässt sich sagen, dass Bitcoin eine einzigartige Technologie mit vielen Vorteilen ist. Es ist jedoch wichtig, sich auch der Risiken bewusst zu sein, bevor man in Bitcoin investiert.**
- *Bitcoin im Vergleich zu herkömmlichen Währungen*

Dezentralisierung:

- Bitcoin ist dezentralisiert, d.h. es gibt keine zentrale Instanz, die die Kontrolle über die Währung hat.
- Herkömmliche Währungen werden von Zentralbanken kontrolliert, die die Geldmenge und den Wert der Währung beeinflussen können.

Transparenz:

- Alle Bitcoin-Transaktionen sind transparent und in der Blockchain einsehbar.
- Transaktionen mit herkömmlichen Währungen können undurchsichtig sein, insbesondere wenn sie über Bargeld oder Offshore-Konten abgewickelt werden.

Anonymität:

- Bitcoin-Transaktionen sind pseudonym, d.h. die Identität der Absender und Empfänger ist nicht direkt ersichtlich.
- Herkömmliche Währungen sind in der Regel mit der Identität des Nutzers verbunden.

Volatilität:

- Der Bitcoin-Kurs ist stark schwankend und volatil.
- Herkömmliche Währungen sind in der Regel stabiler, da sie von Zentralbanken reguliert werden.

Akzeptanz:

- Bitcoin ist noch nicht als Zahlungsmittel weit verbreitet akzeptiert.
- Herkömmliche Währungen sind als Zahlungsmittel weltweit etabliert.

Skalierbarkeit:

- Das Bitcoin-Netzwerk hat derzeit eine begrenzte Skalierbarkeit, d.h. es kann nur eine begrenzte Anzahl von Transaktionen pro Sekunde verarbeiten.
- Herkömmliche Währungssysteme sind in der Regel skalierbarer.

Zukunft:

- Die Zukunft von Bitcoin und Kryptowährungen ist ungewiss.
- Herkömmliche Währungen werden wahrscheinlich weiterhin die dominante Rolle im globalen Finanzsystem spielen.

Zusammenfassend lässt sich sagen, dass Bitcoin und herkömmliche Währungen sowohl Vor- als auch Nachteile haben. Bitcoin bietet mehr Dezentralisierung, Transparenz und Anonymität, ist aber volatiler und weniger akzeptiert. Herkömmliche Währungen sind stabiler und etablierter, aber weniger transparent und anonym.

Welche Währung besser geeignet ist, hängt von den individuellen Bedürfnissen und Präferenzen des Nutzers ab.

Weitere Informationen:

- Bitcoin-Wiki: https://en.bitcoin.it/wiki/Main_Page
- Europäische Zentralbank: https://www.ecb.europa.eu/
- Internationaler Währungsfonds: https://www.imf.org/

Bitte beachten Sie, dass dies keine Anlageberatung ist. Es ist wichtig, sich vor einer Investition in Bitcoin oder andere Kryptowährungen umfassend zu informieren und die damit verbundenen Risiken zu verstehen.

- **Kapitel 2: Wie funktioniert Bitcoin?**

- *Die Blockchain-Technologie*

Die Blockchain-Technologie, auch als Distributed-Ledger-Technologie bezeichnet, ist eine innovative Methode, um Daten sicher und transparent zu speichern und zu verwalten. Man kann sich die Blockchain wie ein digitales Kassenbuch vorstellen, das von mehreren Teilnehmern gemeinsam genutzt wird.

Hier einige Schlüsselaspekte der Blockchain:

- **Dezentralisierung:** Anstatt dass eine zentrale Instanz die Daten kontrolliert, wird die Blockchain auf einem Netzwerk von Computern verteilt gespeichert. Dadurch ist sie manipulationssicher, da jeder Versuch, Daten zu ändern, auf allen Systemen im Netzwerk auffallen würde.

- **Transparenz:** Alle Teilnehmer des Netzwerks haben Zugriff auf die gleiche Kopie der Blockchain. Das schafft Vertrauen und ermöglicht die Nachverfolgung von Transaktionen.
- **Sicherheit:** Kryptographische Verfahren sorgen dafür, dass Daten in der Blockchain nicht gefälscht werden können.

Die Blockchain-Technologie bietet vielfältige Einsatzmöglichkeiten, zum Beispiel:

- **Finanzwesen:** Kryptowährungen wie Bitcoin basieren auf der Blockchain.
- **Lieferketten:** Die Blockchain kann die Herkunft von Waren nachverfolgen und Fälschungen verhindern.
- **Stimmabgabe:** Blockchain-Technologie könnte sichere und transparente Wahlen ermöglichen.

Obwohl die Blockchain-Technologie großes Potenzial besitzt, befinden sich viele Anwendungen noch in der Entwicklungsphase. Es gibt auch Herausforderungen wie die Skalierbarkeit und der Energieverbrauch bestimmter Blockchain-Systeme

- *Transaktionen und Mining*

Transaktionen:

- Bitcoin-Transaktionen sind digitale Übertragungen von Bitcoins von einem Wallet zu einem anderen.
- Sie werden durch digitale Signaturen gesichert und in der Blockchain aufgezeichnet.
- Jede Transaktion muss von einem Miner verifiziert werden, bevor sie zur Blockchain hinzugefügt wird.

- Die Transaktionsgebühren variieren je nach Netzwerklast und Priorität.

Mining:

- Mining ist der Prozess der Verifizierung von Transaktionen und der Erstellung neuer Blöcke in der Blockchain.
- Miner verwenden leistungsstarke Computer, um komplexe mathematische Probleme zu lösen.
- Der erste Miner, der ein Problem löst, wird mit Bitcoins belohnt.
- Mining ist ein wichtiger Bestandteil des Bitcoin-Netzwerks, da es die Sicherheit und Dezentralisierung des Systems gewährleistet.

Weitere Details:

- **Transaktionsdetails:**
    - Absender und Empfänger
    - Transaktionsbetrag
    - Gebühren
    - Transaktions-ID
- **Mining-Prozess:**
    - Miner sammeln Transaktionen in einem Block.
    - Sie lösen ein mathematisches Problem, um den Block zu validieren.
    - Der neue Block wird an die Blockchain angehängt.
    - Miner erhalten Belohnungen in Form von Bitcoins.
- **Mining-Hardware:**
    - ASIC-Miner: leistungsstarke, spezialisierte Geräte
    - GPUs: Grafikkarten
    - CPUs: Zentralprozessoren
- **Kritik am Mining:**
    - hoher Energieverbrauch
    - Zentralisierung des Mining-Pools

Ressourcen:

- Bitcoin-Wiki: Transaktionen: https://en.bitcoin.it/wiki/Transaction
- Bitcoin-Wiki: Mining: https://en.bitcoin.it/wiki/Mining
- Bitpanda Academy: Bitcoin-Mining: [ungültige URL entfernt]
- BTC-ECHO: Bitcoin-Mining: https://www.btc-echo.de/academy/bibliothek/was-ist-bitcoin-mining/

- *Bitcoin-Wallets*

Bitcoin-Wallets, also bekannt als digitale Geldbörsen, dienen der sicheren Aufbewahrung, dem Senden und Empfangen von Bitcoin. Ähnlich wie eine herkömmliche Brieftasche, in der Sie Bargeld aufbewahren, speichert eine Bitcoin-Wallet jedoch keine physischen Münzen, sondern **private Schlüssel**, die den Zugriff auf Ihre Bitcoin ermöglichen.

Hier einige wichtige Punkte zu Bitcoin-Wallets:

- **Sie speichern keine Bitcoins selbst:** Bitcoin existiert auf einem dezentralen Netzwerk, dem sogenannten Blockchain. Die Wallet speichert lediglich die Schlüssel, mit denen Sie nachweisen können, dass Ihnen bestimmte Bitcoins gehören.
- **Öffentliche und private Schlüssel:** Jede Wallet verfügt über zwei wichtige Schlüssel:
    - **Öffentlicher Schlüssel (Public Key):** Dieser dient zum Empfangen von Bitcoins. Er ist vergleichbar mit einer IBAN und kann frei weitergegeben werden, da er zum Senden von Bitcoins benötigt wird.
    - **Privater Schlüssel (Private Key):** Dieser ist geheim und sollte niemals weitergegeben werden. Er ermöglicht Ihnen, auf Ihre Bitcoins zuzugreifen und Transaktionen zu unterzeichnen.
- **Verschiedene Arten von Bitcoin-Wallets:** Es gibt verschiedene Arten von Bitcoin-Wallets, die sich in Bezug auf Sicherheit, Benutzerfreundlichkeit und Funktionen unterscheiden. Zu den gängigen Typen gehören:
    - **Hot Wallets:** Diese sind mit dem Internet verbunden und bieten eine einfache Möglichkeit, Bitcoins zu senden und zu empfangen. Allerdings sind sie auch anfälliger für Hacks.
    - **Cold Wallets:** Diese sind nicht mit dem Internet verbunden und bieten daher eine höhere Sicherheit. Sie sind jedoch weniger praktisch für den täglichen Gebrauch.

Wichtig ist, dass Sie sich vor der Wahl einer Bitcoin-Wallet gründlich informieren und diejenige auswählen, die Ihren Sicherheits- und Funktionsbedürfnissen am besten entspricht.

Kapitel 3: Die Zukunft von Bitcoin

- *Mögliche Anwendungsbereiche*

Bitcoin ist die erste und bekannteste Kryptowährung und hat das Potenzial, verschiedene Anwendungsbereiche zu revolutionieren. Hier sind einige der wichtigsten:

1. Zahlungsmittel: Bitcoin kann als digitales Zahlungsmittel für Waren und Dienstleistungen verwendet werden. Es bietet mehrere Vorteile gegenüber herkömmlichen Zahlungsmethoden, wie z. B.:

- **Geringere Gebühren:** Transaktionen auf der Bitcoin-Blockchain sind in der Regel deutlich günstiger als Transaktionen mit Kreditkarten oder Überweisungen.
- **Schnellere Transaktionen:** Bitcoin-Transaktionen werden in der Regel innerhalb weniger Minuten verarbeitet, während herkömmliche Transaktionen mehrere Tage dauern können.
- **Grenzüberschreitende Zahlungen:** Bitcoin-Transaktionen sind nicht durch Ländergrenzen begrenzt und können daher weltweit schnell und einfach durchgeführt werden.

2. Wertspeicher: Bitcoin kann als Wertspeicher verwendet werden, ähnlich wie Gold oder Aktien. Die Bitcoin-Menge ist begrenzt, was dazu beitragen kann, seinen Wert über die Zeit zu halten.

3. Investition: Bitcoin kann als Investitionsobjekt verwendet werden. Der Bitcoin-Kurs ist volatil, was bedeutet, dass es sowohl hohe Gewinne als auch Verluste geben kann.

4. Dezentrale Finanzdienstleistungen (DeFi): Bitcoin kann in DeFi-Anwendungen verwendet werden, um z. B. Kredite zu verleihen oder zu borgen, Zinsen zu verdienen oder an dezentralen Börsen zu handeln.

5. Anwendungsfälle jenseits von Finanzen: Bitcoin kann auch in anderen Anwendungsbereichen eingesetzt werden, z. B.:

- **Identitätsmanagement:** Bitcoin kann verwendet werden, um digitale Identitäten zu erstellen und zu verwalten.
- **Lieferkettenmanagement:** Bitcoin kann verwendet werden, um die Lieferkette von Waren zu verfolgen und zu sichern.
- **Abstimmungssysteme:** Bitcoin kann verwendet werden, um sichere und transparente Abstimmungssysteme zu schaffen.

Zu beachten ist, dass Bitcoin noch eine relativ junge Technologie ist und sich die Anwendungsbereiche ständig weiterentwickeln.

Weitere Informationen zu Bitcoin finden Sie auf folgenden Websites:

- https://bitcoin.org/
- BitcoinWiki: https://en.bitcoin.it/wiki/Main_Page
- CoinMarketCap: https://coinmarketcap.com/

  o *Herausforderungen und Risiken*

- Bitcoin hat sich seit seiner Einführung im Jahr 2009 zu einer der bekanntesten und wertvollsten Kryptowährungen entwickelt. Die folgenden Herausforderungen und Risiken sollten jedoch vor einer Investition in Bitcoin beachtet werden:
- **Volatilität:** Der Bitcoin-Kurs ist extrem volatil, was bedeutet, dass er starken und plötzlichen Schwankungen unterworfen ist. Dies kann zu hohen Gewinnen, aber auch zu erheblichen Verlusten führen.
- **Technische Risiken:** Die Bitcoin-Technologie ist komplex und es besteht die Gefahr von Hackerangriffen, Softwarefehlern oder anderen technischen Problemen.

- **Regulierung:** Die rechtliche Situation von Bitcoin ist in vielen Ländern noch unklar. Regulierungsmaßnahmen könnten den Wert und die Nutzung von Bitcoin beeinflussen.
- **Skalierbarkeit:** Das Bitcoin-Netzwerk ist derzeit nicht in der Lage, große Transaktionsvolumina zu bewältigen. Dies kann zu langen Wartezeiten und hohen Transaktionsgebühren führen.
- **Nachhaltigkeit:** Das Bitcoin-Mining, der Prozess zur Schaffung neuer Bitcoins, verbraucht große Mengen an Energie. Dies kann zu Umweltproblemen führen.
- **Verlustrisiko:** Bitcoin-Wallets können verloren gehen oder gestohlen werden. Da es keine zentrale Instanz gibt, die bei Verlusten helfen kann, ist das Risiko eines Totalverlustes hoch.
- **Kriminelle Nutzung:** Bitcoin wurde in der Vergangenheit für illegale Aktivitäten wie Geldwäsche und Drogenhandel genutzt. Dies könnte zu einem negativen Image und einer Verschärfung der Regulierung führen.
- **Anlegerschutz:** Es gibt keinen Anlegerschutz für Bitcoin-Investments. Anleger sind daher dem Risiko von Betrug und Marktmanipulation ausgesetzt.
- **Fehlendes intrinsisches Wert:** Anders als Aktien oder Anleihen, die einen Anspruch auf einen bestimmten Wert oder zukünftige Cashflows repräsentieren, hat Bitcoin keinen intrinsischen Wert. Der Wert von Bitcoin basiert allein auf Angebot und Nachfrage.
- **Hohe Einstiegshürden:** Die Bedienung von Bitcoin-Wallets und die Nutzung von Bitcoin-Börsen kann für Einsteiger kompliziert und unübersichtlich sein.
- **Verbreitung:** Bitcoin ist noch nicht weit verbreitet und wird von vielen Unternehmen und Händlern nicht akzeptiert.
- **Zukunft ungewiss:** Die Zukunft von Bitcoin ist ungewiss. Es ist möglich, dass sich Bitcoin durchsetzt und zu einem wichtigen Bestandteil des globalen Finanzsystems wird. Es ist aber auch möglich, dass Bitcoin an Bedeutung verliert oder sogar ganz verschwindet.
- **Fazit:** Bitcoin ist eine riskante Investition. Anleger sollten sich der oben genannten Herausforderungen und Risiken bewusst sein, bevor sie in Bitcoin investieren.

- *Die Zukunft des Geldes*

Die Zukunft des Geldes ist ein Thema, das seit langem diskutiert wird. Es gibt viele verschiedene Meinungen darüber, wie sich das Geld in Zukunft entwickeln wird. Einige glauben, dass Bargeld vollständig durch digitale Währungen ersetzt wird, während andere glauben, dass Bargeld immer eine wichtige Rolle spielen wird.

Es gibt mehrere Trends, die die Zukunft des Geldes beeinflussen könnten. Dazu gehören:

- **Die zunehmende Digitalisierung der Weltwirtschaft:** Immer mehr Menschen nutzen digitale Zahlungsmethoden wie Kreditkarten, Debitkarten und Online-Zahlungssysteme.
- **Die Entwicklung neuer Technologien:** Neue Technologien wie Blockchain und Kryptowährungen könnten das Potenzial haben, das Geldsystem grundlegend zu verändern.
- **Die wachsende Bedeutung von Zentralbanken:** Zentralbanken spielen eine immer wichtigere Rolle bei der Regulierung des Geldsystems.

Es ist schwierig, mit Sicherheit zu sagen, wie sich das Geld in Zukunft entwickeln wird. Es ist jedoch wahrscheinlich, dass das Geldsystem in den kommenden Jahren und Jahrzehnten erheblichen Veränderungen unterworfen sein wird.

Mögliche Szenarien für die Zukunft des Geldes:

- **Bargeldloses Zahlungssystem:** In einem bargeldlosen Zahlungssystem würden alle Transaktionen elektronisch abgewickelt. Dies würde die Effizienz und Sicherheit des Zahlungssystems erhöhen, könnte aber auch die Privatsphäre und Kontrolle der Menschen über ihr Geld verringern.
- **Dominanz von Kryptowährungen:** Kryptowährungen sind digitale Währungen, die auf Blockchain-Technologie basieren. Sie sind dezentralisiert und nicht an eine Zentralbank oder Regierung gebunden. Kryptowährungen könnten in Zukunft eine wichtigere Rolle spielen, aber es gibt auch Herausforderungen wie die hohe Volatilität und die mangelnde Regulierung.
- **Zentralbank-Digitalwährungen (CBDCs):** CBDCs sind digitale Währungen, die von Zentralbanken ausgegeben werden. Sie könnten die Vorteile von Bargeld und digitalen Währungen kombinieren, aber sie könnten auch die Kontrolle der Zentralbanken über die Geldmenge erhöhen.

Die Zukunft des Geldes ist ungewiss, aber es ist ein Thema, das für jeden wichtig ist. Es ist wichtig, sich über die möglichen Entwicklungen zu informieren und sich auf die Veränderungen vorzubereiten, die kommen könnten.

Teil 2: Bitcoin in der Praxis

Kapitel 4: Bitcoin kaufen und verkaufen

- *Bitcoin-Börsen*

Es gibt eine Vielzahl von Bitcoin-Börsen, die sich in Bezug auf Gebühren, Handelsvolumen, unterstützte Kryptowährungen und Funktionen unterscheiden. Hier sind einige der beliebtesten Bitcoin-Börsen:

Zentralisierte Börsen:

- **Kraken:** https://www.nhl.com/kraken/ - Eine der ältesten und etabliertesten Bitcoin-Börsen mit hoher Liquidität und einem breiten Angebot an Kryptowährungen.
- **Binance:** https://www.binance.com/en - Die größte Kryptowährungsbörse der Welt mit einem riesigen Handelsvolumen und einer Vielzahl von Kryptowährungen und Handelspaaren.
- **Coinbase:** https://www.coinbase.com/ - Eine benutzerfreundliche Börse, die ideal für Anfänger ist und eine begrenzte Anzahl von Kryptowährungen anbietet.
- **Bitpanda:** https://www.bitpanda.com/en - Eine europäische Börse mit einer intuitiven Benutzeroberfläche und einem Fokus auf den Euro-Raum.

- **eToro:** https://www.etoro.com/ - Eine Social-Trading-Plattform, die auch den Handel mit Kryptowährungen anbietet.

Dezentrale Börsen:

- **Uniswap:** https://uniswap.org/ - Eine dezentrale Börse, die den Handel mit Kryptowährungen ohne Zwischenhändler ermöglicht.
- **PancakeSwap:** https://pancakeswap.finance/ - Eine dezentrale Börse auf der Binance Smart Chain, die sich auf den Austausch von BEP-20-Token spezialisiert hat.
- **SushiSwap:** https://www.sushi.com/ - Eine dezentrale Börse, die Forks von Uniswap-Code verwendet und zusätzliche Funktionen wie Staking und Yield Farming bietet.

Weitere Bitcoin-Börsen:

- **Bitcoin.de:** https://www.bitcoin.de/en - Eine deutsche Börse mit Fokus auf Bitcoin und Euro.
- **BSDEX:** https://www.bsdex.de/en/ - Eine deutsche Börse mit hohen Sicherheitsstandards und einem Fokus auf Bitcoin.
- **Nuri:** https://www.instagram.com/theofficialnuri/ - Eine deutsche Börse mit einer intuitiven Benutzeroberfläche und der Möglichkeit, Bitcoin per Banküberweisung zu kaufen.

Wichtiger Hinweis:

Bevor Sie sich für eine Bitcoin-Börse entscheiden, sollten Sie sich über die folgenden Punkte informieren:

- **Gebühren:** Die Gebühren für den Handel mit Bitcoin können stark variieren. Vergleichen Sie die Gebühren verschiedener Börsen, bevor Sie sich für eine entscheiden.
- **Handelsvolumen:** Das Handelsvolumen einer Börse ist ein Indikator für die Liquidität des Marktes. Achten Sie darauf, dass die Börse ein ausreichendes Handelsvolumen für die von Ihnen gewünschten Kryptowährungen hat.
- **Sicherheit:** Die Sicherheit Ihrer Bitcoin ist von größter Bedeutung. Wählen Sie eine Börse mit einem guten Ruf und hohen Sicherheitsstandards.
- **Unterstützte Kryptowährungen:** Nicht alle Börsen unterstützen alle Kryptowährungen. Stellen Sie sicher, dass die Börse die von Ihnen gewünschten Kryptowährungen anbietet.

- **Funktionen:** Einige Börsen bieten zusätzliche Funktionen wie Staking, Margin-Trading und Lending an. Diese Funktionen können für erfahrene Trader interessant sein.

- *Zahlungsmethoden*

Es gibt verschiedene Zahlungsmethoden, um Bitcoin zu kaufen oder zu verkaufen, die sich je nach Plattform und Region unterscheiden können. Hier einige gängige Optionen:

Beim Kauf von Bitcoin:

- **SEPA-Überweisung:** Dies ist die häufigste Methode in Deutschland. Sie überweisen einfach Geld von Ihrem Bankkonto an die Plattform, von der Sie Bitcoin kaufen möchten.
- **Kredit- oder Debitkarte:** Einige Plattformen, wie beispielsweise Anbieter von Hardware-Wallets, ermöglichen den Kauf von Bitcoin per Kredit- oder Debitkarte. Allerdings fallen dafür oft Gebühren an.
- **Express-Handel:** Auf einigen Plattformen, wie zum Beispiel Bitcoin.de, können Sie die Express-Handelsoption wählen. Dabei wird der Kaufpreis sofort von Ihrem Bankkonto bei der Partnerbank der Plattform abgebucht und Sie erhalten im Gegenzug die Bitcoins.
- **Peer-to-Peer-Handel (P2P):** Bei dieser Methode handeln Sie direkt mit anderen Personen, ohne dass eine Plattform dazwischengeschaltet ist. Die Zahlungsmethoden können dabei sehr vielfältig sein, von Bargeld bis hin zu Überweisungen.

Beim Verkauf von Bitcoin:

- **Überweisung:** In der Regel erhalten Sie beim Verkauf von Bitcoin auf einer Plattform eine Bankverbindung, auf die der Käufer das Geld überweisen muss.
- **Express-Handel:** Bei einigen Plattformen, wie zum Beispiel Bitcoin.de, können Sie Ihre Bitcoins auch per Express-Handel verkaufen. Dabei wird der Kaufpreis automatisch auf Ihr Bankkonto bei der Partnerbank der Plattform überwiesen.

Wichtig zu beachten:

- Die Verfügbarkeit der Zahlungsmethoden kann sich je nach Plattform und Region unterscheiden. Informieren Sie sich daher immer im Voraus, welche Optionen auf der von Ihnen gewählten Plattform zur Verfügung stehen.
- Beim Kauf von Bitcoin mit Kredit- oder Debitkarte fallen in der Regel Gebühren an.
- Seien Sie beim Peer-to-Peer-Handel besonders vorsichtig, da das Risiko von Betrug höher ist.

- *Sicherheit beim Kauf und Verkauf von Bitcoin*

Der Kauf und Verkauf von Bitcoin birgt einige Risiken, die es zu beachten gilt. Hier sind einige Tipps, wie Sie die Sicherheit beim Handel mit Bitcoin erhöhen können:

Wahl der richtigen Plattform:

- Wählen Sie eine seriöse und etablierte Handelsplattform mit hohen Sicherheitsstandards.
- Informieren Sie sich über die Gebühren und Handelsbedingungen der Plattform.
- Achten Sie auf Bewertungen und Erfahrungen anderer Nutzer.

Sicherheit der Wallet:

- Verwenden Sie eine sichere Wallet für die Aufbewahrung Ihrer Bitcoins.
- Empfehlenswert sind Hardware-Wallets, die offline gespeichert werden.
- Sichern Sie Ihre Wallet mit einem starken Passwort und 2-Faktor-Authentifizierung.

Transaktionen:

- Seien Sie vorsichtig bei Phishing-Versuchen und gefälschten Websites.
- Überprüfen Sie die Empfängeradresse sorgfältig, bevor Sie eine Transaktion tätigen.
- Verwenden Sie ein starkes Passwort für Ihr Handelskonto.

Allgemeine Sicherheitstipps:

- Informieren Sie sich über die aktuellen Sicherheitsrisiken im Zusammenhang mit Bitcoin.
- Halten Sie Ihre Software und Betriebssysteme auf dem neuesten Stand.
- Verwenden Sie ein zuverlässiges Virenschutzprogramm.
- Seien Sie misstrauisch gegenüber Angeboten, die zu gut klingen, um wahr zu sein.

Zusätzliche Informationen:

- Bitcoin-Sicherheit: [ungültige URL entfernt]
- Bitcoin-Wallets: [ungültige URL entfernt]
- Häufige Sicherheitsfragen zu Bitcoin: [ungültige URL entfernt]

Hinweis:

Die obigen Tipps sind allgemeine Hinweise und keine Garantie für die Sicherheit Ihrer Bitcoins. Es ist wichtig, dass Sie sich selbst über die Risiken informieren und geeignete Sicherheitsmaßnahmen ergreifen.

Kapitel 5: Bitcoin sicher aufbewahren

- *Arten von Bitcoin-Wallets*

Es gibt verschiedene Arten von Bitcoin-Wallets, die jeweils ihre eigenen Vor- und Nachteile haben. Die wichtigsten Kategorien sind:

Online-Wallets:

- Bequem und einfach zu bedienen, da sie über einen Webbrowser zugänglich sind.
- Weniger sicher als andere Arten von Wallets, da die privaten Schlüssel auf den Servern des Anbieters gespeichert werden.
- Geeignet für kleinere Beträge, die häufig verwendet werden.

Mobile Wallets:

- Ähnlich wie Online-Wallets, aber auf Smartphones und Tablets nutzbar.
- Bequem für Zahlungen unterwegs.
- Ähnliches Sicherheitsniveau wie Online-Wallets.

Desktop-Wallets:

- Software, die auf Ihrem Computer installiert wird.
- Bietet mehr Kontrolle über die privaten Schlüssel als Online-Wallets.
- Kann anfälliger für Schadsoftware sein, wenn der Computer nicht ausreichend geschützt ist.

Hardware-Wallets:

- Physische Geräte, die Ihre privaten Schlüssel offline speichern.
- Bieten die höchste Sicherheit, da die privaten Schlüssel nie mit dem Internet verbunden sind.
- Können für Anfänger etwas komplizierter einzurichten sein.

Paper Wallets:

- Physische Dokumente, auf denen Ihre öffentlichen und privaten Schlüssel gedruckt sind.
- Extrem sicher, da sie vollständig offline sind.
- Kann leicht verloren gehen oder beschädigt werden.

Die Wahl der richtigen Wallet hängt von Ihren individuellen Bedürfnissen und Ihrer Risikobereitschaft ab. Wenn Sie große Mengen an Bitcoins aufbewahren möchten, sollten Sie eine Hardware-Wallet in Betracht ziehen. Für kleinere Beträge, die Sie häufig verwenden, kann eine mobile oder Online-Wallet ausreichend sein.

Es ist wichtig zu beachten, dass Sie bei allen Arten von Wallets immer Ihre privaten Schlüssel sicher aufbewahren müssen. Wenn Sie Ihre privaten Schlüssel verlieren, verlieren Sie auch den Zugriff auf Ihre Bitcoins.

- *Sicherheitspraktiken für Bitcoin-Wallet*

Bitcoin-Wallets sind für den sicheren Umgang mit Ihren digitalen Vermögenswerten unerlässlich. Jedoch bergen sie auch Sicherheitsrisiken, wenn sie nicht ordnungsgemäß geschützt werden. Hier sind einige wichtige Sicherheitspraktiken, die Sie für Ihr Bitcoin-Wallet beachten sollten:

Starke Passwörter und 2-Faktor-Authentifizierung (2FA):

- Verwenden Sie immer **lange und komplexe Passwörter**, die Groß- und Kleinbuchstaben, Zahlen und Sonderzeichen enthalten. Vermeiden Sie die Verwendung persönlicher Informationen oder leicht zu erratender Wörter.
- Aktivieren Sie die **2-Faktor-Authentifizierung (2FA)** für Ihr Wallet. Dies fügt eine zusätzliche Sicherheitsebene hinzu, indem bei Transaktionen ein zweiter Verifizierungscode erforderlich ist.

Wahl der Wallet-Art:

- Wählen Sie eine **renommierte und vertrauenswürdige Wallet-Anwendung**. Recherchieren Sie und vergleichen Sie verschiedene Anbieter, bevor Sie sich für eine Option entscheiden.
- **Vermeiden Sie die Speicherung von Bitcoins auf Online-Wallets**, außer für kleine Beträge, die Sie regelmäßig nutzen. Online-Wallets sind anfälliger für Angriffe. Erwägen Sie die Verwendung von **Hardware-Wallets** für größere Beträge, da diese offline gespeichert werden und eine zusätzliche Sicherheitsebene bieten.

Vorsicht beim Teilen von Informationen:

- Teilen Sie ** niemals** Ihre privaten Schlüssel oder Seed-Phrasen mit jemandem, auch nicht mit Mitarbeitern von angeblichen Support-Diensten. Bitcoin-Transaktionen sind irreversibel, und der Zugriff auf diese Informationen ermöglicht es anderen, Ihre Bitcoins zu stehlen.
- Seien Sie **vorsichtig bei Links und Anhängen** in E-Mails oder Nachrichten, die behaupten, von legitimen Diensten wie Börsen oder Wallet-Anbietern zu stammen. Diese könnten Phishing-Versuche sein, die darauf abzielen, Ihre Zugangsdaten zu stehlen.

Regelmäßige Backups:

- Erstellen Sie **regelmäßig Backups** Ihrer Wallet-Daten, insbesondere bei Hardware-Wallets. Bewahren Sie diese Backups an einem sicheren Ort, getrennt von Ihrem Computer oder Smartphone.

Updates und Virenschutz:

- Halten Sie Ihre **Wallet-Software und Ihr Betriebssystem stets auf dem neuesten Stand**, um von den neuesten Sicherheitsupdates zu profitieren.
- Verwenden Sie eine **aktuelle und zuverlässige Antivirus-Software** auf Ihrem Gerät, um sich vor Malware zu schützen, die Ihre Wallet angreifen könnte.

Zusätzliche Tipps:

- Seien Sie **misstrauisch gegenüber unrealistischen Gewinnversprechen** im Zusammenhang mit Bitcoin-Investitionen.
- **Informieren Sie sich so gut wie möglich** über Bitcoin und die damit verbundenen Risiken, bevor Sie investieren.

Mit diesen Sicherheitspraktiken können Sie das Risiko von Diebstahl oder Verlust Ihrer Bitcoins erheblich verringern. Denken Sie daran, dass ständige

Vorsicht und die Verwendung zuverlässiger Sicherheitsmaßnahmen entscheidend für den Schutz Ihrer digitalen Vermögenswerte sind.

- *Hardware-Wallets*

Hardware-Wallets gelten als die sicherste Methode, um Bitcoins zu speichern. Sie fungieren im Wesentlichen als kleine, sichere Computer, die Ihre privaten Schlüssel offline aufbewahren. Im Gegensatz zu Software-Wallets, die auf Computern oder Smartphones gespeichert werden, können Hardware-Wallets nicht von Hackern infiziert werden, selbst wenn das Gerät, mit dem sie verbunden sind, kompromittiert ist.

Hier sind einige wichtige Punkte zu Hardware-Wallets für Bitcoin:

- **Hohe Sicherheit:** Ihre privaten Schlüssel werden niemals online gespeichert, wodurch sie vor Malware und Hackerangriffen geschützt sind.
- **Transaktionssignierung:** Sie können Transaktionen sicher auf dem Hardware-Wallet signieren, bevor sie an das Netzwerk gesendet werden.
- **Benutzerfreundlichkeit:** Moderne Hardware-Wallets sind einfach zu bedienen und verfügen oft über intuitive Benutzeroberflächen.
- **Bekannte Hersteller:** Beliebte Marken für Hardware-Wallets sind unter anderem Ledger und Trezor.

Es ist wichtig, Ihre Hardware-Wallet bei einem seriösen Händler zu kaufen und die Sicherheitsvorkehrungen des Herstellers sorgfältig zu befolgen. Dazu gehört insbesondere die sichere Aufbewahrung Ihrer Wiederherstellungsphrase, die zum Wiederherstellen Ihres Bitcoin-Guthabens im Falle eines Verlusts oder einer Beschädigung der Hardware-Wallet benötigt wird.

Kapitel 6: Bitcoin nutzen

- *Bitcoin-Zahlungen im Online-Handel*

Vorteile:

- **Schnell und sicher:** Bitcoin-Transaktionen werden in der Regel schnell verarbeitet und sind durch die Blockchain-Technologie sehr sicher.
- **Günstig:** Die Transaktionsgebühren für Bitcoin-Zahlungen sind deutlich niedriger als bei Kreditkarten oder anderen Zahlungsmethoden.
- **Global:** Bitcoin ist eine globale Währung, die weltweit verwendet werden kann. Dies ist besonders vorteilhaft für Händler, die internationale Kunden bedienen.
- **Anonymität:** Bitcoin-Zahlungen können anonym getätigt werden. Dies kann für Käufer und Verkäufer von Vorteil sein.

Nachteile:

- **Volatilität:** Der Bitcoin-Kurs ist stark schwankend. Dies kann für Händler ein Risiko darstellen, da sie Preisschwankungen ausgleichen müssen.
- **Komplexität:** Die Verwendung von Bitcoin kann für einige Käufer und Verkäufer kompliziert sein.
- **Akzeptanz:** Bitcoin ist noch nicht so weit verbreitet wie andere Zahlungsmethoden.

Akzeptanz von Bitcoin-Zahlungen:

Immer mehr Online-Händler akzeptieren Bitcoin-Zahlungen. Einige der bekanntesten Anbieter sind:

- **Shopify**

- **Etsy**
- **Overstock**
- **Newegg**
- **Microsoft**

So funktioniert die Bezahlung mit Bitcoin:

Um mit Bitcoin im Online-Handel zu bezahlen, benötigen Sie:

- **Eine Bitcoin-Wallet:** Dies ist eine digitale Geldbörse, in der Sie Ihre Bitcoins aufbewahren können.
- **Bitcoins:** Sie können Bitcoins an einer Bitcoin-Börse kaufen oder von anderen Personen erhalten.

Vorgehen:

1. Wählen Sie im Online-Shop die Option "Bitcoin-Zahlung".
2. Geben Sie die Bitcoin-Adresse des Shops ein.
3. Überweisen Sie den Bitcoin-Betrag von Ihrer Wallet an die Adresse des Shops.
4. Die Transaktion wird in der Blockchain verifiziert.
5. Sobald die Transaktion bestätigt ist, wird Ihre Bestellung versandt.

Fazit:

Bitcoin-Zahlungen bieten sowohl für Käufer als auch für Verkäufer einige Vorteile. Die Akzeptanz von Bitcoin steigt stetig, und die Bezahlung mit Bitcoin ist einfach und sicher.

Weitere Informationen:

- Bitcoin-Wiki: https://en.bitcoin.it/wiki/Main_Page
- Bitcoin-FAQ: https://bitcoin.org/faq

- *Bitcoin-Akzeptanz in der realen Welt*

Die Akzeptanz von Bitcoin als Zahlungsmittel in der realen Welt wächst stetig, aber es gibt noch einige Herausforderungen, die zu bewältigen sind.

Fortschritte:

- **Zahlreiche Unternehmen akzeptieren Bitcoin:**
    - Große Unternehmen wie Tesla, Microsoft und PayPal akzeptieren Bitcoin als Zahlungsmethode.
    - Auch viele kleine Unternehmen und Einzelhändler in verschiedenen Branchen, wie z.B. Restaurants, Hotels und Online-Shops, bieten Bitcoin-Zahlungen an.
- **Bitcoin-Automaten:**
    - Weltweit gibt es über 38.000 Bitcoin-Automaten, an denen man Bitcoins kaufen und verkaufen kann.
    - Dies erleichtert den Zugang zu Bitcoin für Menschen, die keine Bankverbindung haben oder Kryptowährungen nicht online kaufen möchten.
- **Integration in Finanzsysteme:**
    - Krypto-Börsen und -Wallets ermöglichen es, Bitcoin einfach zu kaufen, zu verkaufen und zu halten.
    - Einige Banken und Zahlungsanbieter bieten Bitcoin-Dienste an, z.B. die Verwahrung von Bitcoin oder die Möglichkeit, Bitcoin-Zahlungen zu senden und zu empfangen.

Herausforderungen:

- **Volatilität:**
    - Der Wert von Bitcoin kann stark schwanken, was die Verwendung als Zahlungsmittel für einige Unternehmen und Verbraucher unattraktiv macht.
- **Regulierung:**
    - Die Regulierung von Bitcoin und Kryptowährungen ist weltweit uneinheitlich, was die Akzeptanz durch Unternehmen erschweren kann.
- **Technische Hürden:**
    - Nicht alle Menschen haben die technischen Kenntnisse oder die Infrastruktur, um Bitcoin-Zahlungen zu nutzen.
- **Verständnis und Akzeptanz:**
    - Bitcoin ist immer noch eine relativ neue Technologie, und viele Menschen kennen die Vorteile und Risiken nicht.

Zukunft:

Es wird erwartet, dass die Akzeptanz von Bitcoin in der realen Welt in den nächsten Jahren weiter zunehmen wird. Die folgenden Faktoren könnten dies fördern:

- **Entwicklung von Bitcoin-Infrastruktur:**
    - Die Entwicklung von Bitcoin-Wallets, Zahlungsprozessoren und anderen Lösungen wird die Nutzung von Bitcoin einfacher und bequemer machen.
- **Institutionelle Beteiligung:**
    - Wenn mehr institutionelle Anleger in Bitcoin investieren, könnte dies die Akzeptanz durch Unternehmen und Verbraucher erhöhen.
- **Regulierungsklarheit:**
    - Klarere Regulierungsrahmen könnten die Akzeptanz von Bitcoin durch Unternehmen fördern.

Zusammenfassend lässt sich sagen, dass die Akzeptanz von Bitcoin in der realen Welt wächst, aber es gibt noch einige Herausforderungen, die zu bewältigen sind. Die Entwicklung der Bitcoin-Infrastruktur, die Beteiligung von institutionellen Anlegern und eine klarere Regulierung könnten die Akzeptanz von Bitcoin in den nächsten Jahren weiter fördern.

Weitere Informationen:

- Bitcoin-Akzeptanzkarte: https://coinmap.org/

- *Bitcoin-Anwendungen*

Bitcoin ist die bekannteste Kryptowährung und gleichzeitig die erste Anwendung der Blockchain-Technologie.

Bitcoin als Zahlungsmittel:

- **Online-Zahlungen:** Bitcoin kann für den Kauf von Waren und Dienstleistungen im Internet verwendet werden.
- **Offline-Zahlungen:** Immer mehr Geschäfte akzeptieren Bitcoin als Zahlungsmittel.
- **Grenzüberschreitende Zahlungen:** Bitcoin-Transaktionen sind grenzüberschreitend und gebührenfrei.
- **Spenden:** Bitcoin kann für Spenden an NGOs und andere Organisationen verwendet werden.

Bitcoin als Investition:

- **Wertspeicher:** Bitcoin kann als Wertspeicher in Zeiten von Inflation dienen.
- **Anlageklasse:** Bitcoin kann als alternative Anlageklasse zu Aktien und Anleihen verwendet werden.
- **Spekulation:** Bitcoin kann aufgrund seiner Volatilität für Spekulationen verwendet werden.

Weitere Anwendungen der Bitcoin-Technologie:

- **Smart Contracts:** Dezentrale Anwendungen (dApps) auf der Bitcoin-Blockchain ermöglichen die automatisierte Ausführung von Verträgen.
- **Identitätsmanagement:** Bitcoin kann zur sicheren Speicherung von Identitätsdaten verwendet werden.
- **Lieferkettenmanagement:** Die Blockchain kann zur Verfolgung von Waren in der Lieferkette verwendet werden.

Einschränkungen von Bitcoin:

- **Volatilität:** Der Bitcoin-Kurs ist stark schwankend.
- **Skalierbarkeit:** Die Bitcoin-Blockchain ist nicht so skalierbar wie andere Blockchains.
- **Akzeptanz:** Bitcoin ist noch nicht so weit verbreitet wie herkömmliche Währungen.

Zukunft von Bitcoin:

Die Zukunft von Bitcoin ist ungewiss. Es ist möglich, dass Bitcoin sich zu einer globalen Währung entwickelt. Es ist aber auch möglich, dass Bitcoin durch andere Kryptowährungen oder Technologien ersetzt wird.

Weitere Informationen:

- Bitcoin-Wiki: https://en.bitcoin.it/wiki/Main_Page
- Bitcoin-FAQ: https://bitcoin.org/faq
- Bitcoin-Kurs: https://coinmarketcap.com/currencies/bitcoin/

Teil 3: Fortgeschrittene Themen

Kapitel 7: Bitcoin-Mining

- *Wie funktioniert Bitcoin-Mining?*

Grundlagen:

- **Blockchain:** Bitcoin nutzt eine Blockchain, um Transaktionen zu speichern. Neue Transaktionen werden in Blöcken zusammengefasst und an die Blockchain angehängt.
- **Miner:** Miner sind Computer, die diese Blöcke erstellen und die Blockchain sichern.
- **Mining-Hardware:** Miner benötigen spezielle Hardware, um komplexe mathematische Probleme zu lösen.
- **Belohnung:** Der erste Miner, der ein Problem löst, erhält Bitcoins als Belohnung.

Prozess:

1. **Transaktionen:** Bitcoin-Transaktionen werden im Netzwerk übertragen.

2. **Blockbildung:** Miner sammeln Transaktionen und bündeln sie in Blöcken.
3. **Hashing:** Der Block wird mit einem Hash-Algorithmus verschlüsselt.
4. **Schürfen:** Miner versuchen, einen bestimmten Hash-Wert zu finden, der den Block validiert.
5. **Validierung:** Der erste Miner, der den Hash-Wert findet, validiert den Block und fügt ihn der Blockchain hinzu.
6. **Belohnung:** Der Miner erhält Bitcoins als Belohnung.

Schwierigkeitsgrad:

- Die Schwierigkeit des Hash-Problems wird automatisch angepasst.
- Ziel: Blockzeit von ca. 10 Minuten.
- Steigende Hashrate -> höhere Schwierigkeit.

Heute:

- **Cloud-Mining:** Möglichkeit, ohne eigene Hardware zu minen.
- **Mining-Pools:** Miner bündeln ihre Rechenleistung.
- **Hohe Energiekosten:** Bitcoin-Mining verbraucht viel Strom.

Weitere Informationen:

- Bitcoin-Mining: Was ist das & wie funktioniert Minen? - Bitpanda: https://www.bitpanda.com/academy/de/lektionen/was-ist-bitcoin-mining-und-wie-funktioniert-es
- Bitcoin-Mining: Erklärung, Energieverbrauch und Co. - WirtschaftsWoche: https://www.wiwo.de/finanzen/boerse/bitcoin-mining-erklaert-wie-funktioniert-bitcoin-mining-und-wie-hoch-ist-der-energieverbrauch-wirklich/28866416.html
- Wie funktioniert Bitcoin Mining? Krypto-Mining verständlich erklärt | ETC Group: https://etc-group.com/de/blog/krypto-handbuch/krypto-mining/

- *Mining-Hardware und -Software*

Bitcoin-Mining benötigt spezielle Hardware, die auf die Durchführung komplexer mathematischer Berechnungen ausgelegt ist. Diese Hardware wird als **ASIC-Miner** (Application-Specific Integrated Circuit) bezeichnet.

Wird in einem neuen Fenster geöffnet a www.amazon.de
ASICMiner für Bitcoin

ASIC-Miner sind leistungsstarke Geräte, die speziell für das Bitcoin-Mining entwickelt wurden. Sie sind wesentlich effizienter als CPUs oder GPUs (Graphics Processing Units), die früher für das Mining verwendet wurden.

Bitcoin-Mining-Software

Neben der Hardware benötigen Sie auch spezielle Software, um Bitcoin zu minen. Die Software verbindet Ihren ASIC-Miner mit dem Bitcoin-Netzwerk und ermöglicht es Ihnen, die Blöcke zu lösen, die neue Bitcoins generieren.

Einige beliebte Bitcoin-Mining-Software sind:

- **CGMiner:** Eine Open-Source-Software, die mit einer Vielzahl von ASIC-Minern kompatibel ist.
- **BFGMiner:** Eine weitere Open-Source-Software, die für ihre Benutzerfreundlichkeit bekannt ist.
- **EasyMiner:** Eine einfach zu bedienende Software, die sich gut für Einsteiger eignet.

Es ist wichtig zu beachten, dass Bitcoin-Mining profitabel sein kann, aber es ist auch ein wettbewerbsintensives Geschäft. Bevor Sie mit dem Mining beginnen, sollten Sie Ihre Forschung gründlich durchführen und die damit verbundenen Kosten und Risiken sorgfältig abwägen

- *. Die Profitabilität von Bitcoin-Mining*

Die Rentabilität des Bitcoin-Minings hängt von mehreren Faktoren ab, die sich ständig ändern können:

1. Bitcoin-Kurs:

- Der wichtigste Faktor ist der Bitcoin-Kurs. Steigt der Kurs, steigt auch die Rentabilität des Minings. Fällt der Kurs, sinkt die Rentabilität.
- Aktuell (Stand: 03.03.2024) liegt der Bitcoin-Kurs bei ca. 48.000 USD.

2. Mining-Schwierigkeit:

- Die Schwierigkeit des Minings steigt mit der Anzahl der Miner. Je mehr Miner es gibt, desto schwieriger wird es, einen Block zu finden und die Belohnung zu erhalten.
- Die Schwierigkeit wird alle 2.016 Blöcke (etwa alle zwei Wochen) neu angepasst.

3. Stromkosten:

- Die Stromkosten sind ein weiterer wichtiger Faktor. Je höher die Stromkosten, desto weniger profitabel ist das Mining.
- Der Energieverbrauch von Bitcoin-Mining-Geräten kann sehr hoch sein.

- Es ist wichtig, einen Standort mit günstigen Stromkosten zu wählen, um die Rentabilität zu erhöhen.

4. Hardwarekosten:

- Die Kosten für die Mining-Hardware sind ebenfalls ein wichtiger Faktor.
- Es gibt verschiedene Arten von Mining-Hardware, z. B. ASIC-Miner und GPU-Miner.
- ASIC-Miner sind leistungsfähiger und effizienter als GPU-Miner, aber auch teurer.

5. Mining-Pool:

- Viele Miner schließen sich einem Mining-Pool an, um ihre Chancen auf die Belohnung zu erhöhen.
- In einem Mining-Pool werden die Blöcke gemeinsam abgebaut und die Belohnung wird unter den Teilnehmern aufgeteilt.

Rentabilitätsrechner:

Es gibt verschiedene Rentabilitätsrechner online, mit denen Sie die Rentabilität des Bitcoin-Minings berechnen können.

Beispiel:

- Mit einem aktuellen Bitcoin-Kurs von 48.000 USD, einer Stromkosten von 0,10 USD/kWh und einem ASIC-Miner mit einer Hashrate von 100 TH/s würde ein Miner pro Tag ca. 10 USD verdienen.

Fazit:

Die Rentabilität des Bitcoin-Minings kann sich schnell ändern. Es ist wichtig, alle Faktoren zu berücksichtigen, bevor Sie mit dem Mining beginnen.

Weitere Informationen:

- Bitcoin Mining Profitability Calculator: https://www.nicehash.com/profitability-calculator
- Bitcoin Mining: Erklärung, Energieverbrauch und Co.: https://www.wiwo.de/finanzen/boerse/bitcoin-mining-erklaert-wie-funktioniert-bitcoin-mining-und-wie-hoch-ist-der-energieverbrauch-wirklich/28866416.html

- Ist Bitcoin Mining profitabel?: https://fastercapital.com/de/inhalt/Ist-Bitcoin-Mining-rentabel.html

Kapitel 8: Lightning Network

- *Skalierungslösungen für Bitcoin*

Bitcoin steht vor einer Herausforderung: **Skalierbarkeit**. Das Netzwerk ist darauf ausgelegt, sicher zu sein, indem es die Anzahl der Transaktionen pro Sekunde begrenzt. Dies führt jedoch zu langsamen Transaktionszeiten und hohen Gebühren, wenn die Nachfrage steigt.

Um dieses Problem anzugehen, wurden verschiedene **Skalierungslösungen** vorgeschlagen:

- **Lightning Network:** Das Lightning Network ist ein "Layer-2"-Zahlungsnetzwerk, das auf der Bitcoin-Blockchain aufbaut. Es ermöglicht schnelle und kostengünstige Transaktionen außerhalb der Hauptkette, indem es Zahlungskanäle zwischen Teilnehmern öffnet. Diese Kanäle wickeln Transaktionen abseits der Blockchain ab und werden nur dann auf der Blockchain festgehalten, wenn es zu Streitigkeiten kommt.
- **Blockgröße erhöhen:** Ein weiterer Ansatz ist die Erhöhung der Blockgröße. Dies würde es ermöglichen, mehr Transaktionen in jeden Block aufzunehmen, wodurch die Transaktionsgeschwindigkeit erhöht würde. Allerdings gibt es Bedenken, dass dies die Dezentralisierung und Sicherheit des Netzwerks beeinträchtigen könnte, da es für einzelne Miner schwieriger werden würde, die gesamte Blockchain zu speichern und zu validieren.
- **SegWit (Segregated Witness):** SegWit ist eine Soft Fork, die die Blockgröße nicht verändert, aber die Datenstruktur der Blöcke ändert. Dadurch wird mehr Platz für Transaktionsdaten geschaffen, ohne die Sicherheit zu beeinträchtigen. SegWit ist bereits implementiert und wird von den meisten Bitcoin-Full Nodes unterstützt.

- **Schnorr-Signaturen:** Schnorr-Signaturen sind eine weitere Soft Fork, die die Transaktionsgröße reduzieren kann. Dies würde wiederum mehr Transaktionen in jeden Block ermöglichen. Die Implementierung von Schnorr-Signaturen befindet sich noch in der Diskussion.

Es ist wichtig zu beachten, dass die Debatte über die Skalierung von Bitcoin nach wie vor kontrovers ist. Befürworter der verschiedenen Lösungen haben unterschiedliche Ansichten darüber, welcher Ansatz für Bitcoin am besten geeignet ist. Es ist wahrscheinlich, dass in Zukunft eine Kombination verschiedener Lösungen zum Einsatz kommen wird, um die Skalierbarkeit von Bitcoin zu verbessern.

- *Das Lightning Network im Detail*

Das Lightning Network: Schnelle Zahlungen für Bitcoin

Das Lightning Network (LN) ist eine innovative Technologie, die die Skalierbarkeit von Bitcoin verbessern soll. Es handelt sich um eine sogenannte "Second-Layer-Lösung", die auf der bestehenden Bitcoin-Blockchain aufbaut.

Hier einige wichtige Aspekte des Lightning Networks:

Problem: Bitcoin hat aktuell limitierte Transaktionsgeschwindigkeiten, da jede Transaktion auf der Blockchain gespeichert werden muss. Dies kann zu langsamen und teuren Transaktionen führen.

Lösung: Das Lightning Network ermöglicht es Nutzern, Transaktionen **abseits** der Blockchain durchzuführen. Diese "Off-Chain"-Transaktionen sind wesentlich schneller und günstiger als reguläre Bitcoin-Transaktionen.

Funktionsweise:

- **Kanäle:** Nutzer eröffnen sogenannte "Kanäle" miteinander, in denen sie Bitcoins "festhalten". Innerhalb dieser Kanäle können sie dann beliebig viele Zahlungen hin und her senden, ohne die Blockchain zu belasten.
- **Smart Contracts:** Die Kanäle verwenden spezielle Verträge (Smart Contracts), die sicherstellen, dass die festgehaltenen Bitcoins nur an den rechtmäßigen Empfänger ausgezahlt werden können.
- **Abrechnung:** Sollten sich die Nutzer im Kanal nicht einigen können, kann die ursprüngliche Summe auf der Blockchain wiederhergestellt werden.

Vorteile:

- **Schnelle Transaktionen:** Zahlungen im Lightning Network erfolgen nahezu **instantan**.
- **Geringere Gebühren:** Die Gebühren für Transaktionen im Lightning Network sind deutlich niedriger als auf der Blockchain.
- **Skalierbarkeit:** Das Lightning Network ermöglicht es Bitcoin, mit einem wachsenden Transaktionsvolumen zu skalieren.

Nachteile:

- **Komplexität:** Das Lightning Network ist technologisch komplexer als die Verwendung der Bitcoin-Blockchain selbst.
- **Sicherheit:** Während die Sicherheit der zugrunde liegenden Bitcoins durch die Blockchain gewährleistet ist, gibt es beim Lightning Network zusätzliche Risiken, wie z. B. die Möglichkeit, dass ein Kanal-Knoten ausfällt und die darin festgehaltenen Bitcoins verloren gehen.
- **Adoption:** Das Lightning Network befindet sich noch in der Entwicklung und wird noch nicht von allen Bitcoin-Anbietern unterstützt.

Fazit:

Das Lightning Network ist eine vielversprechende Lösung für die Skalierbarkeit von Bitcoin. Es ermöglicht schnellere und günstigere Transaktionen, was die Akzeptanz von Bitcoin im Alltag fördern könnte. Allerdings gibt es auch Herausforderungen, die in Zukunft noch adressiert werden müssen.

- *Nutzung des Lightning Networks*

Das Lightning-Netzwerk (LN) bietet eine schnelle und kostengünstige Möglichkeit, Bitcoin-Zahlungen zu tätigen. Hier sind die wichtigsten Punkte zur Nutzung:

Grundlagen:

- **Offchain-Lösung:** LN operiert außerhalb der Bitcoin-Blockchain, wodurch Transaktionen schneller und günstiger werden.
- **Zahlungskanäle:** Teilnehmer am LN eröffnen bilaterale Kanäle, in denen sie Bitcoins für Transaktionen untereinander sperren.
- **Routing:** Zahlungen durchlaufen ggf. mehrere Kanäle, um an den Zielknoten zu gelangen.

Voraussetzungen:

- **Lightning-Wallet:** Sie benötigen eine spezielle Wallet, die LN unterstützt. Beliebte Optionen sind Blue Wallet und Phoenix Wallet.
- **Bitcoin:** Um LN nutzen zu können, benötigen Sie Bitcoins, die Sie in Ihre LN-Wallet transferieren.

Ablauf:

1. **Kanal eröffnen:** Sie und Ihr Handelspartner eröffnen einen Kanal mit einem festgelegten Bitcoin-Betrag.
2. **Transaktionen:** Innerhalb des Kanals können Sie beliebig viele Zahlungen hin und her senden, solange der Kanal offen ist.
3. **Kanal schließen:** Sobald Sie keine weiteren Transaktionen planen, wird der Kanal geschlossen und die verbleibenden Bitcoins auf die Bitcoin-Blockchain zurückübertragen.

Vorteile:

- **Schnelle Transaktionen:** Zahlungen im LN-Netzwerk erfolgen nahezu instantan.
- **Niedrige Gebühren:** Transaktionsgebühren im LN sind deutlich geringer als auf der Bitcoin-Blockchain.
- **Privatsphäre:** LN-Transaktionen sind teilweise anonymer als Transaktionen auf der Blockchain.

Nachteile:

- **Komplexität:** Die Nutzung von LN erfordert technisches Verständnis und birgt gewisse Risiken.
- **Neue Technologie:** LN befindet sich noch in der Entwicklungsphase und kann instabil sein.
- **Nicht alle Anbieter:** Noch nicht alle Bitcoin-Anbieter unterstützen LN.

Wo finde ich weitere Informationen?

Um mehr über die Nutzung des Lightning-Netzwerks zu erfahren, können Sie verschiedene Quellen nutzen:

- **Anleitungen auf den Websites von Lightning-Wallet-Anbietern:** Diese bieten oft detaillierte Schritt-für-Schritt-Anleitungen.
- **Online-Artikel und Tutorials:** Es gibt zahlreiche Online-Ressourcen, die die Funktionsweise und Nutzung von LN erklären.
- **Bitcoin-Communities:** Foren und Diskussionsgruppen bieten die Möglichkeit, sich mit anderen LN-Nutzern auszutauschen und Fragen zu stellen.

Kapitel 9: Bitcoin und die Blockchain-Technologie

- *Anwendungsbereiche der Blockchain*

Die Blockchain-Technologie hat das Potenzial, verschiedene Branchen und Anwendungsbereiche zu revolutionieren. Hier einige Beispiele:

Finanzwesen:

- **Kryptowährungen:** Bitcoin, Ethereum und andere Kryptowährungen basieren auf der Blockchain-Technologie.
- **Grenzübergreifende Zahlungen:** Blockchain kann Transaktionen schneller, billiger und transparenter gestalten.

- **Wertpapierhandel:** Die Blockchain kann den Handel mit Aktien, Anleihen und anderen Vermögenswerten effizienter und sicherer machen.

Lieferkette:

- **Nachverfolgung von Waren:** Blockchain kann die Herkunft und den Transport von Waren in der Lieferkette transparenter gestalten.
- **Verhinderung von Fälschungen:** Blockchain kann die Echtheit von Produkten sicherstellen und Fälschungen bekämpfen.
- **Optimierung der Lieferkette:** Blockchain kann die Effizienz der Lieferkette durch intelligente Verträge und automatisierte Prozesse verbessern.

Identitätsmanagement:

- **Sichere Identitäten:** Blockchain kann die Identität von Personen sicher und dezentral speichern und verwalten.
- **Selbstbestimmte Datennutzung:** Blockchain kann Menschen die Kontrolle über ihre eigenen Daten geben und ihnen ermöglichen, selbst zu entscheiden, wer Zugriff darauf hat.
- **Verhinderung von Identitätsdiebstahl:** Blockchain kann die Sicherheit von Identitäten erhöhen und Identitätsdiebstahl erschweren.

Gesundheitswesen:

- **Elektronische Gesundheitsakten:** Blockchain kann die Speicherung und den Austausch von Gesundheitsdaten sicherer und effizienter gestalten.
- **Medizinische Forschung:** Blockchain kann die Zusammenarbeit von Forschern und die Nutzung von Gesundheitsdaten für die Forschung verbessern.
- **Versicherungen:** Blockchain kann die Abwicklung von Versicherungsansprüchen effizienter und transparenter gestalten.

Öffentliche Verwaltung:

- **Wahlsysteme:** Blockchain kann die Sicherheit und Transparenz von Wahlen verbessern.
- **Landregistrierung:** Blockchain kann die Verwaltung von Landtiteln und anderen Vermögenswerten effizienter und transparenter gestalten.

- **Steuern:** Blockchain kann die Steuererhebung effizienter und fairer gestalten.

Dies sind nur einige Beispiele für die Anwendungsbereiche der Blockchain-Technologie. Das Potenzial der Technologie ist noch lange nicht ausgeschöpft und es ist zu erwarten, dass in den kommenden Jahren weitere innovative Anwendungen entwickelt werden.

Weitere Informationen finden Sie unter:

- https://www.bundesnetzagentur.de/DE/Fachthemen/Digitalisierung/Technologien/Blockchain/BC_Netzsektoren/start.html
- https://www.sap.com/products/artificial-intelligence/what-is-blockchain.html
- https://www.ibm.com/blockchain
- https://www.fit.fraunhofer.de/en/business-areas/cooperation-systems/blockchain.html
- https://ch.linkedin.com/in/julienweissenberg

- *Dezentrale Anwendungen (dApps)*

Was sind dApps?

Dezentrale Anwendungen (dApps) sind Softwareanwendungen, die auf einem dezentralen Netzwerk, wie einer Blockchain, basieren. Im Gegensatz zu herkömmlichen Anwendungen, die auf einem zentralen Server laufen und von einer einzelnen Instanz kontrolliert werden, sind dApps:

- **Dezentralisiert:** Sie laufen auf einem verteilten Netzwerk von Computern, wodurch sie resistenter gegen Ausfälle und Manipulationen sind.
- **Transparent:** Der Code der dApps ist für jeden einsehbar, wodurch die Funktionsweise der Anwendung transparent und überprüfbar wird.
- **Sicher:** Die Daten der dApps werden auf der Blockchain gespeichert, die eine hohe Sicherheit und Unveränderlichkeit bietet.
- **Permisionslos:** dApps sind für jeden zugänglich und nutzbar, ohne dass die Erlaubnis einer zentralen Instanz erforderlich ist.

Wie funktionieren dApps?

dApps bestehen aus zwei Hauptkomponenten:

- **Smart Contracts:** Dies sind selbstverwaltende Programme, die auf der Blockchain ausgeführt werden. Sie legen die Regeln und die Funktionsweise der dApp fest.
- **Benutzeroberfläche:** Dies ist die grafische Oberfläche, mit der die Nutzer der dApp interagieren.

Beispiele für dApps:

Es gibt bereits eine Vielzahl von dApps in verschiedenen Bereichen, wie z. B.:

- **Dezentrale Finanzen (DeFi):** dApps, die Finanzdienstleistungen wie Kreditvergabe, Trading und Zinsgewinnung anbieten, ohne dass die Beteiligung von Banken oder anderen Finanzinstituten erforderlich ist.
- **Spiele:** dApps, die es Spielern ermöglichen, digitale Vermögenswerte zu besitzen und zu handeln, Spiele zu spielen und auf andere Weise mit anderen Spielern zu interagieren.
- **Soziale Netzwerke:** dApps, die es Nutzern ermöglichen, ihre Daten selbst zu kontrollieren und ihre Inhalte dezentralisiert zu teilen.
- **Identitätsmanagement:** dApps, die es Nutzern ermöglichen, ihre Identität selbst zu verwalten und sicher zu speichern.

Vorteile von dApps:

dApps bieten gegenüber herkömmlichen Anwendungen mehrere Vorteile, wie z. B.:

- **Höhere Sicherheit:** dApps sind durch die Blockchain-Technologie besser vor Hackerangriffen und Datenmanipulationen geschützt.
- **Mehr Transparenz:** Der Code und die Daten von dApps sind für jeden einsehbar, wodurch die Funktionsweise der Anwendung transparenter und überprüfbarer wird.

- **Weniger Kontrolle durch Dritte:** dApps sind nicht von einer einzelnen Instanz kontrolliert, wodurch die Nutzer mehr Kontrolle über ihre Daten und ihre Aktivitäten haben.
- **Größere Freiheit:** dApps sind für jeden zugänglich und nutzbar, ohne dass die Erlaubnis einer zentralen Instanz erforderlich ist.

Herausforderungen von dApps:

dApps stehen auch vor einigen Herausforderungen, wie z. B.:

- **Komplexität:** Die Entwicklung und Nutzung von dApps kann für technisch unerfahrene Nutzer komplex sein.
- **Skalierbarkeit:** Die meisten dApps befinden sich noch in einem frühen Entwicklungsstadium und haben noch nicht die Skalierbarkeit erreicht, um mit herkömmlichen Anwendungen zu konkurrieren.
- **Regulierung:** Der Rechtsrahmen für dApps ist noch unklar, was zu regulatorischen Herausforderungen führen kann.

Zukunft von dApps:

dApps haben das Potenzial, die Art und Weise, wie wir mit Softwareanwendungen interagieren, grundlegend zu verändern. Die Vorteile von dApps, wie z. B. höhere Sicherheit, mehr Transparenz und weniger Kontrolle durch Dritte, könnten dazu führen, dass dApps in Zukunft eine immer wichtigere Rolle spielen.

Weitere Informationen:

- https://de.wikipedia.org/wiki/Dezentrales_Finanzwesen

- https://coinmarketcap.com/view/dapp/

- *Die Zukunft der Blockchain-Technologie*

Die Zukunft der Blockchain-Technologie ist ein Thema mit viel Spekulation und Diskussion. Es gibt viele verschiedene Meinungen darüber, wie sich die Technologie in den kommenden Jahren entwickeln wird und welche Auswirkungen sie auf verschiedene Branchen haben wird.

Potenzial der Blockchain-Technologie:

- **Dezentralisierung und Transparenz:** Die Blockchain-Technologie kann dazu beitragen, Prozesse zu dezentralisieren und transparenter zu gestalten. Dies kann zu mehr Vertrauen und Effizienz in verschiedenen Bereichen führen, z. B. in der Finanzwirtschaft, der Lieferkette und der Verwaltung.
- **Sicherheit und Datenschutz:** Die Blockchain-Technologie bietet ein hohes Maß an Sicherheit und Datenschutz. Die Daten in der Blockchain sind verschlüsselt und unveränderlich, was sie vor Manipulationen und Hackerangriffen schützt.
- **Effizienz und Automatisierung:** Die Blockchain-Technologie kann Prozesse effizienter und automatisieren. Dies kann zu Kosteneinsparungen und einer schnelleren Abwicklung von Transaktionen führen.

Herausforderungen der Blockchain-Technologie:

- **Skalierbarkeit:** Die Blockchain-Technologie ist in ihrer aktuellen Form noch nicht skalierbar genug, um für massenhafte Anwendungen eingesetzt zu werden. Es wird jedoch an Lösungen gearbeitet, um dieses Problem zu beheben.
- **Regulierung:** Die Regulierung der Blockchain-Technologie ist noch unklar. Es gibt noch keine einheitlichen Standards und Gesetze, die die Nutzung der Technologie regeln.
- **Akzeptanz:** Die Akzeptanz der Blockchain-Technologie ist noch relativ gering. Es ist wichtig, die Öffentlichkeit über die Vorteile der Technologie aufzuklären und Vertrauen in ihre Funktionsweise zu schaffen.

Mögliche Anwendungsbereiche:

- **Finanzwirtschaft:** Kryptowährungen, dezentrale Finanzsysteme (DeFi), Zahlungsabwicklung
- **Lieferkette:** Nachverfolgung von Waren, Transparenz in der Lieferkette, Vermeidung von Fälschungen
- **Verwaltung:** Identitätsmanagement, digitale Abstimmungen, Landregistrierung
- **Gesundheitswesen:** Datensicherheit, Patientenakten, Arzneimittelfälschungsschutz
- **Energiewirtschaft:** dezentrale Energiemärkte, intelligentes Stromnetz

Zusammenfassend lässt sich sagen, dass die Blockchain-Technologie ein großes Potenzial hat, verschiedene Branchen zu revolutionieren. Es gibt jedoch noch einige Herausforderungen, die bewältigt werden müssen, bevor die Technologie ihr volles Potenzial entfalten kann.

Anhang

- **Glossar wichtiger Begriffe**

Bitcoin:

- Eine digitale Währung, die 2009 von Satoshi Nakamoto eingeführt wurde.
- Dezentralisiert und Peer-to-Peer, d.h. es gibt keine zentrale Autorität, die Bitcoin kontrolliert.
- Transaktionen werden auf einer Blockchain gespeichert, einem öffentlichen und unveränderlichen Ledger.

Blockchain:

- Eine dezentrale Datenbank, die Transaktionen in Blöcken speichert.
- Blöcke sind miteinander verkettet, was die Blockchain manipulationssicher macht.
- Die Blockchain dient als Grundlage für Bitcoin und andere Kryptowährungen.

Kryptowährung:

- Eine digitale Währung, die Kryptographie verwendet, um Transaktionen zu sichern und neue Einheiten zu generieren.
- Bitcoin ist die erste und bekannteste Kryptowährung, aber es gibt viele andere.
- Kryptowährungen können als Zahlungsmittel, Investition oder Spekulationsobjekt verwendet werden.

Fiat-Währung:

- Eine Währung, die von einer Regierung oder Zentralbank ausgegeben wird.
- Fiat-Währungen haben keinen intrinsischen Wert, sondern basieren auf dem Vertrauen in die ausgebende Institution.
- Beispiele für Fiat-Währungen sind Euro, Dollar und Yen.

Satoshi:

- Die kleinste Einheit von Bitcoin.
- Ein Satoshi ist ein hundertmillionstel Bitcoin (0,00000001 BTC).
- Satoshis werden oft für kleine Transaktionen verwendet.

Mining:

- Der Prozess der Validierung von Transaktionen und dem Hinzufügen neuer Blöcke zur Blockchain.
- Miner verwenden leistungsstarke Computer, um komplexe mathematische Probleme zu lösen.
- Als Belohnung für das Mining erhalten Miner neue Bitcoins.

Wallet:

- Eine digitale Geldbörse, in der Bitcoins gespeichert werden können.
- Es gibt verschiedene Arten von Wallets, z. B. Software-Wallets, Hardware-Wallets und Paper-Wallets.
- Die Wahl der richtigen Wallet hängt von den individuellen Bedürfnissen des Benutzers ab.

Halving:

- Ein Ereignis, das alle vier Jahre stattfindet und bei dem die Belohnung für das Mining von Bitcoins halbiert wird.
- Das Halving soll die Inflation von Bitcoin begrenzen.
- Das letzte Halving fand im Mai 2020 statt.

Volatilität:

- Ein Maß für die Preisschwankungen einer Kryptowährung.
- Bitcoin ist eine sehr volatile Kryptowährung, d.h. der Preis kann stark schwanken.
- Anleger sollten sich der Volatilität bewusst sein, bevor sie in Bitcoin investieren.

Disclaimer:

- Diese Informationen dienen nur zu Informationszwecken und stellen keine Anlageberatung dar.
- Investitionen in Kryptowährungen sind spekulativ und bergen ein hohes Risiko.
- Anleger sollten nur Geld investieren, das sie sich leisten können zu verlieren.

Weitere Ressourcen:

- Bitcoin Wiki: https://en.bitcoin.it/wiki/Main_Page
- Bitcoin Core: https://bitcoincore.org/
- Blockexplorer: https://www.blockchain.com/explorer

Hinweis:

- Dieses Glossar ist nicht vollständig und es gibt viele weitere Begriffe, die für Bitcoin relevant sind.
- Es ist wichtig, sich selbst weiterzubilden und die Risiken zu verstehen, bevor man in Bitcoin investiert.

- *Ressourcen für weiterführende Informationen*

Websites:

- **Bitcoin Core:** https://bitcoin.org/en/bitcoin-core/ - Die offizielle Website der Bitcoin Core-Software, mit Informationen über die Funktionsweise von Bitcoin, Downloads und mehr.
- **Bitcoin Wiki:** https://en.wikipedia.org/wiki/Bitcoin - Ein umfangreiches Wiki mit Informationen zu allen Aspekten von Bitcoin, von der Geschichte und Technologie bis hin zu Brieftaschen und Börsen.
- **Blockstream:** https://blockstream.com/ - Ein Unternehmen, das sich auf die Entwicklung von Bitcoin-Technologie spezialisiert hat, mit einer Vielzahl von Ressourcen, darunter Blogbeiträge, Webinare und Forschungsunterlagen.
- **CoinDesk:** https://www.coindesk.com/ - Eine Nachrichtenplattform, die sich auf Bitcoin und Kryptowährungen im Allgemeinen spezialisiert hat, mit aktuellen Nachrichten, Analysen und Preisen.

Bücher:

- **Das Bitcoin-Standard:** https://saifedean.com/tbs - Von Andreas M. Antonopoulos - Ein Buch, das die Grundlagen von Bitcoin erklärt und warum es wichtig ist.
- **The Internet of Money:** https://www.amazon.com/Internet-Money-Andreas-M-Antonopoulos/dp/1537000454 - Von Andreas M. Antonopoulos - Ein Buch, das die potenziellen Auswirkungen von Bitcoin auf die Weltwirtschaft untersucht.
- **Mastering Bitcoin:** https://github.com/bitcoinbook/bitcoinbook - Von Andreas M. Antonopoulos - Ein technisches Handbuch, das die Funktionsweise von Bitcoin im Detail erklärt.

Videos:

- **Bitcoin: The Future of Money?** https://www.reuters.com/business/future-of-money/ - Ein Dokumentarfilm, der die Geschichte und das Potenzial von Bitcoin untersucht.
- **What is Bitcoin?** https://www.investopedia.com/terms/b/bitcoin.asp - Ein kurzes Erklärvideo von Khan Academy.
- **How Bitcoin Works** https://www.investopedia.com/news/how-bitcoin-works/ - Ein Erklärvideo von Andreas M. Antonopoulos.

Subreddits:

- **r/Bitcoin:** https://www.reddit.com/r/Bitcoin/ - Die größte Bitcoin-Community auf Reddit.

- **r/BitcoinBeginners:** https://www.reddit.com/r/BitcoinBeginners/ - Eine Subreddit für Bitcoin-Neulinge.
- **r/BitcoinMarkets:** https://www.reddit.com/r/BitcoinMarkets/ - Eine Subreddit für Diskussionen über den Bitcoin-Markt.

Foren:

- **Bitcointalk:** https://bitcointalk.org/ - Das größte Bitcoin-Forum der Welt.
- **Stack Exchange:** https://bitcoin.stackexchange.com/ - Eine Q&A-Plattform für Bitcoin-Entwickler und -Benutzer.

Hinweis: Dies ist nur eine kleine Auswahl an Ressourcen. Es gibt viele weitere Websites, Bücher, Videos und Foren, die Informationen über Bitcoin enthalten.

Weitere Tipps:

- **Beginnen Sie mit den Grundlagen:** Stellen Sie sicher, dass Sie die Grundlagen von Bitcoin verstehen, bevor Sie sich mit fortgeschritteneren Themen befassen.
- **Seien Sie kritisch:** Es gibt viele verschiedene Meinungen über Bitcoin. Seien Sie kritisch gegenüber den Informationen, die Sie lesen, und bilden Sie sich Ihre eigene Meinung.
- **Seien Sie vorsichtig:** Bitcoin ist eine neue Technologie und es gibt damit verbundene Risiken. Seien Sie vorsichtig, wenn Sie mit Bitcoin handeln oder investieren.

- **Liste von Bitcoin-Börsen und Wallets**

Bitcoin-Börsen sind Plattformen, auf denen Sie Bitcoins kaufen und verkaufen können. Sie fungieren als Vermittler zwischen Käufern und Verkäufern und bieten in der Regel eine Reihe von Funktionen, wie z. B. die Möglichkeit, verschiedene Zahlungsmethoden zu verwenden, verschiedene Ordertypen zu platzieren und Kurse zu verfolgen.

Hier sind einige beliebte Bitcoin-Börsen:

- **Coinbase:** Eine der größten und beliebtesten Börsen der Welt, die eine benutzerfreundliche Oberfläche und eine breite Palette an Funktionen bietet.

Wird in einem neuen Fenster geöffnet 1000logos.net

Coinbase logo

- **Kraken:** Eine weitere große Börse mit einem guten Ruf für Sicherheit und Zuverlässigkeit.

Wird in einem neuen Fenster geöffnet W en.wikipedia.org

Kraken logo

- **Bitpanda:** Eine europäische Börse, die eine breite Palette an Kryptowährungen und Fiat-Währungen zum Handel anbietet.

bitpan

[Wird in einem neuen Fenster geöffnet](#)  www.bitpanda.com

Bitpanda logo

- **Bison:** Eine deutsche Börse, die von der Börse Stuttgart betrieben wird und sich an Einsteiger richtet.

[Wird in einem neuen Fenster geöffnet](#) scalebranding.com

Bison logo

- **bitcoin.de:** Eine deutsche Börse, die seit 2011 besteht und eine gute Option für erfahrene Händler ist.

itcoin-Marktplatz [Wird in einem neuen Fenster geöffnet](www.bitcoin.de)  www.bitcoin.de

bitcoin.de logo

Bitcoin-Wallets:

Bitcoin-Wallets sind digitale Geldbörsen, in denen Sie Ihre Bitcoins sicher aufbewahren können. Es gibt verschiedene Arten von Wallets, z. B. Hardware-Wallets, Software-Wallets und Online-Wallets.

Hardware-Wallets:

Hardware-Wallets sind physische Geräte, die Ihre Bitcoins offline speichern. Sie gelten als die sicherste Art, Bitcoins aufzubewahren, da sie nicht gehackt werden können, selbst wenn Ihr Computer infiziert ist.

Einige beliebte Hardware-Wallets sind:

- **Ledger Nano S:** Ein beliebtes Hardware-Wallet, das einfach zu bedienen ist und eine breite Palette von Kryptowährungen unterstützt.

Wird in einem neuen Fenster geöffnet shop.ledger.com

Ledger Nano S logo

- **Trezor Model One:** Ein weiteres beliebtes Hardware-Wallet, das mit einer Vielzahl von Kryptowährungen kompatibel ist.

Wird in einem neuen Fenster geöffnet www.coinbureau.com

Trezor Model One logo

Software-Wallets:

Software-Wallets sind digitale Geldbörsen, die auf Ihrem Computer oder Smartphone installiert werden. Sie sind zwar nicht so sicher wie Hardware-Wallets, aber sie sind dennoch eine gute Option für die Aufbewahrung kleinerer Bitcoin-Mengen.

Einige beliebte Software-Wallets sind:

- **Electrum:** Eine kostenlose und quelloffene Software-Wallet, die für ihre Sicherheit und Benutzerfreundlichkeit bekannt ist.

Wird in einem neuen Fenster geöffnet S seeklogo.com

Electrum logo

- **Exodus:** Eine benutzerfreundliche Software-Wallet, die eine breite Palette von Funktionen bietet, z. B. die Möglichkeit, mehrere Kryptowährungen zu speichern.

Wird in einem neuen Fenster geöffnet www.deviantart.com

Exodus logo

Online-Wallets:

Online-Wallets sind Web-basierte Geldbörsen, die von Börsen oder anderen Anbietern angeboten werden. Sie sind zwar bequem zu verwenden, aber sie gelten auch als die unsicherste Art, Bitcoins aufzubewahren, da sie anfällig für Hacks sind.

Es wird daher empfohlen, Ihre Bitcoins in einem Hardware-Wallet oder einer Software-Wallet aufzubewahren, die Sie selbst kontrollieren.

Wichtiger Hinweis:

Diese Liste erhebt keinen Anspruch auf Vollständigkeit und dient nur zu Informationszwecken. Bevor Sie eine Bitcoin-Börse oder ein Bitcoin-Wallet verwenden, sollten Sie Ihre eigenen Nachforschungen anstellen und sicherstellen, dass sie seriös und sicher sind.

www.ingramcontent.com/pod-product-compliance
Lightning Source LLC
Chambersburg PA
CBHW082255220526
45469CB00009B/3017